HABLEMOS ACERCA DE...

# LA INTOLERANCIA AL GLUTEN

Caitie McAneney
Traducido por Marcela Brovelli

PowerKiDS press
Nueva York

Published in 2015 by The Rosen Publishing Group, Inc.
29 East 21st Street, New York, NY 10010



First Edition

Editor: Caitie McAneney
Book Design: Mickey Harmon
Spanish Translation: Marcela Brovelli

Photo Credits: Cover (series logo) Alhovik/Shutterstock.com; cover (banner) moham'ed/Shutterstock.com; cover (image) Michal Kowalski/Shutterstock.com; p. 4 ChameleonsEye/Shutterstock.com; pp. 5, 13, 21 Monkey Business Images/Shutterstock.com; p. 7 Scorpp/Shutterstock.com; p. 9 Maya Kruchankova/Shutterstock.com; p. 11 (main) wavebreakmedia/Shutterstock.com; p. 11 (inset) MedicalRF.com/Getty Images; p. 15 b7/Shutterstock.com; p. 16 Africa Studio/Shutterstock.com; p. 17 Steve Cukrov/Shutterstock.com; p. 19 Blend Images - Jose Luis Palaez Inc./Brand X Pictures/Getty Images; p. 22 Sergey Novikov/Shutterstock.com.

Library of Congress Cataloging-in-Publication Data

McAneney, Caitlin.
La intolerancia al gluten / Caitie McAneney, translated by Marcela Brovelli.
pages cm. — (Hablemos acerca de...)
Includes index.
ISBN 978-1-4994-0189-9 (pbk.)
ISBN 978-1-4994-0186-8 (6 pack)
ISBN 978-1-4994-0188-2 (library binding)
1. Celiac disease—Popular works. 2. Gluten—Health aspects—Popular works. I. Title.
RC862.C44M33 2015
616.3'99—dc23

Manufactured in the United States of America

CPSIA Compliance Information: Batch #CW15PK: For Further Information contact Rosen Publishing, New York, New York at 1-800-237-9932

# CONTENIDOS

# ¿QUÉ ES LA INTOLERANCIA AL GLUTEN?

¿Sabes qué es el gluten? Es una **proteína** que se encuentra en algunos granos como el trigo y el centeno. Algunas personas no pueden consumirlo porque su cuerpo **reacciona** negativamente. Es decir, que tienen **intolerancia** al gluten.

No es fácil vivir con este trastorno. La gente que lo tiene debe evitar el gluten que está presente en muchas comidas diarias, especialmente en el pan. El gluten también se encuentra en cosas dulces como pasteles y galletitas.

La gente con intolerancia a esta proteína debe comer alimentos libres de gluten. Por suerte, hay muchos comercios que los venden.

# ¿INTOLERANCIA, ENFERMEDAD O ALERGIA?

El término "intolerancia al gluten" se utiliza tanto para referirse a la intolerancia a cierto tipo de alimento, como a la enfermedad celíaca. Ambas se centran en el **sistema digestivo**. Las personas que padecen de intolerancia se sienten mal después de comer ciertos alimentos que contienen gluten. Ese malestar generalmente desaparece a las pocas horas o días.

## CUÉNTAME MÁS

**Todos los productos derivados del trigo tienen gluten, al igual que otros productos. Si sólo tienes mala reacción a los alimentos con trigo, tal vez seas alérgico a este cereal.**

Si las personas celíacas comen alimentos que tienen gluten, pueden sufrir graves daños. La enfermedad celíaca es un padecimiento del **sistema inmunológico**. Esta enfermedad hace que el sistema inmunológico ataque el gluten que ingresa al cuerpo, causándole daño al **intestino delgado**.

Algunas personas confunden **alergia** al trigo con intolerancia al gluten. Pero la primera es una reacción alérgica al trigo, no al gluten.

# SÍNTOMAS

La intolerancia al gluten y la enfermedad celíaca son muy peligrosas. Para saber si las padeces, presta atención a cualquier reacción o síntomas que tengas después de comer algo con gluten.

Algunas personas con intolerancia a esta proteína presentan síntomas como si tuvieran gastroenteritis. Sienten dolor estomacal, tienen gases y **diarrea**. Los celíacos tienen estos mismos síntomas pero también pueden perder peso y, con el tiempo, hasta pueden contraer anemia. Ésta es una enfermedad de la sangre que causa cansancio y palidez.

## CUÉNTAME MÁS

**¿Cuáles son los síntomas de la alergia al trigo? Las reacciones alérgicas pueden ser urticaria, problemas respiratorios, dolor de estómago, vómitos, diarrea e inflamación de la boca y la garganta.**

Los síntomas por intolerancia al gluten desaparecen con el tiempo. Pero la enfermedad celíaca si no se cuida, causa trastornos que pueden durar mucho tiempo.

# ¿QUÉ OCURRE?

¿Qué le sucede a una persona celíaca si come gluten? Su sistema inmunológico ataca las vellosidades que tiene el intestino delgado en su interior, haciendo que éstas se inflamen y se dañen.

Las vellosidades son como pequeños dedos alineados dentro del intestino delgado, que absorben los **nutrientes** de la comida. Es muy importante que éstas tomen suficientes nutrientes para mantener una buena salud. Cuando el sistema inmunológico ataca a las vellosidades intestinales, se produce un daño que podría resultar irreparable.

## CUÉNTAME MÁS

**Comúnmente, la enfermedad celíaca es hereditaria. Si algún familiar tuyo tiene esa enfermedad, es probable que tú también la tengas.**

**las vellosidades**

Una persona celíaca no podrá recibir suficientes nutrientes de los alimentos si las vellosidades de su intestino están dañadas por comer gluten.

# EVITAR EL GLUTEN

Si crees que tienes intolerancia al gluten, es importante que te lo confirme el médico. Él analizará tu sangre y, si es necesario, también una pequeña parte de tu intestino delgado. Si tienes celiaquía o intolerancia al gluten, hay una sola forma de evitar la mala reacción: no comer gluten.

Entre los alimentos con gluten están el trigo, el centeno y la cebada. Estos se encuentran en el pan, los cereales, las galletas, las pastas y las comidas fritas. Otros alimentos, incluso los perros calientes, las salsas y las sopas pueden contener gluten.

## CUÉNTAME MÁS

**Es difícil recordar todos los alimentos que tienen gluten. Tus padres y tu médico podrán ayudarte a hacer una lista de los alimentos que debes comer o evitar.**

Lo mejor es comer alimentos que especifiquen: “sin gluten”. Revisa bien las latas o envases de los alimentos.

# ALIMENTOS SALUDABLES

Si tienes intolerancia al gluten, a lo mejor piensas que casi todos los alimentos están prohibidos. ¡No es verdad! Puedes comer fruta fresca, verduras y carne. Y, también, leche, huevos y jugos. Además puedes consumir alimentos hechos con granos y harina libres de gluten. Por ejemplo, arroz, soja, papas y harina de linaza.

## CUÉNTAME MÁS

**Para informarte acerca de alimentos sin gluten puedes consultarle a un especialista en dietética que es experto en alimentación y te dirá qué puedes comer para estar sano y qué debes evitar para no enfermarte.**

Aun si tienes intolerancia al gluten, hay muchos alimentos que puedes comer para estar sano y recibir los nutrientes que necesitas.

Si extrañas el pan y los pasteles, ¡no te preocupes! Muchas panaderías y supermercados venden alimentos sin gluten. ¡Incluso venden la harina ya preparada para hacer pasteles sin gluten!

# ¡CUIDADO!

Evita los alimentos con gluten, pero también ¡ten cuidado con la contaminación! Ésta sucede cuando un alimento que no puedes comer entra en contacto con otro alimento. La gente celíaca debe tener mucho cuidado con la contaminación por gluten.

## CUÉNTAME MÁS

**Si eres celíaco, puedes ayudar a sanar tu intestino delgado comiendo alimentos saludables, libres de gluten. Si no lo haces así, tu intestino sufrirá más daño.**

¿Sabes cómo puedes cuidarte? Utiliza un espacio de la cocina y utensilios limpios que no se usen para alimentos con gluten. Esto significa que, tal vez, tengas que tener tu propia tostadora para que tu comida no se contamine con trozos de pan.

Es conveniente que mantengas los alimentos sin gluten apartados del resto de los alimentos en la cocina. ¡También, es muy importante que no compartas alimentos con tus amigos!

# AVÍSALES A LOS DEMÁS

Tal vez, te sientas avergonzado de admitir que no puedes comer gluten. Sin embargo, es muy importante que se lo avises a tus maestros, amigos y familiares. ¡Ellos quieren que te mantengas saludable!

Si tienes intolerancia al gluten, es posible que no puedas comer lo mismo que come el resto de la clase. Si sales a comer a un restaurante, ellos también tienen que saberlo. Dile al camarero que sólo puedes comer alimentos sin gluten y que estos no deben estar contaminados.

Quizá lo mejor sería que llevaras el almuerzo de casa y así no tienes que estar preguntando en la cafeteria de la escuela si la comida tiene gluten o no.

# AYUDAR A LOS AMIGOS

Quizá tú no tienes intolerancia al gluten pero conoces a alguien que sí la tiene. Tal vez es un compañero, un familiar o un amigo. ¿Cómo puedes ayudarlos?

Primero, puedes cuidar de su salud no compartiendo tu comida con ellos. Tus alimentos podrían tener gluten o podrían estar contaminados con él. Si llevas algo de merienda a la escuela, puedes llevarle algo sin gluten a tu amigo y empacarlo separadamente.

Lo mejor que puedes hacer por tu amigo es que no se sienta excluido. Hazle saber que entiendes que tiene intolerancia al gluten y que estás ahí para ayudarlo.

# NO ESTÁS SOLO

Si tienes intolerancia al gluten, quizá te sientas excluido. Tal vez, seas el único de tu clase con este trastorno. ¡Pero no estás solo! En Estados Unidos, más de dos millones de personas son celíacas y muchas más tienen alguna intolerancia al gluten.

Desafortunadamente, aún no hay cura para quienes no toleran esta proteína. Lo mejor para ti es llevar tu vida de manera positiva. ¡Descubre todos los deliciosos alimentos que sí puedes comer sin descuidar tu salud!

# GLOSARIO

**alergia:** Mala reacción del sistema inmunológico ante ciertos alimentos, animales o lugares del entorno.

**diarrea:** Evacuación de excrementos líquidos o muy fluidos.

**intestino delgado:** Extenso tejido en forma de tubo donde los alimentos se transforman para pasar a la sangre.

**intolerancia:** Que no acepta determinado alimento.

**nutrientes:** Sustancias alimenticias necesarias para poder crecer y estar sanos.

**proteína:** Materias que aporta el alimento para que el tejido del cuerpo se desarrolle y reconstruya.

**reacciona:** Que hace algo por acción o presencia de algo más.

**sistema digestivo:** Conjunto de órganos que transforman los alimentos que ingerimos en fuente de energía que el cuerpo necesita.

**sistema inmunológico:** Sistema que protege al cuerpo de las enfermedades.

# ÍNDICE



# SITIOS DE INTERNET

Debido a que los enlaces de Internet cambian a menudo, PowerKids Press ha creado una lista de los sitios Internet que tratan sobre el tema de este libro. Este sitio se actualiza con regularidad. Por favor, usa este enlace para ver la lista: www.powerkidslinks.com/ltai/glut